BEI GRIN MACHT SICH IHR
WISSEN BEZAHLT

AF152782

- Wir veröffentlichen Ihre Hausarbeit,
  Bachelor- und Masterarbeit

- Ihr eigenes eBook und Buch -
  weltweit in allen wichtigen Shops

- Verdienen Sie an jedem Verkauf

Jetzt bei www.GRIN.com hochladen
und kostenlos publizieren

Jan Horak

Wahlkampf 2.0

Revolutioniert das Social Web die politische Kommunikation?

GRIN Verlag

Bibliografische Information der Deutschen Nationalbibliothek:

Die Deutsche Bibliothek verzeichnet diese Publikation in der Deutschen National-
bibliografie; detaillierte bibliografische Daten sind im Internet über http://dnb.d-
nb.de/ abrufbar.

Impressum:

Copyright © 2011 GRIN Verlag GmbH
Druck und Bindung: Books on Demand GmbH, Norderstedt Germany
ISBN: 978-3-656-08543-0

Dieses Buch bei GRIN:

http://www.grin.com/de/e-book/183966/wahlkampf-2-0

GRIN - Your knowledge has value

Der GRIN Verlag publiziert seit 1998 wissenschaftliche Arbeiten von Studenten, Hochschullehrern und anderen Akademikern als eBook und gedrucktes Buch. Die Verlagswebsite www.grin.com ist die ideale Plattform zur Veröffentlichung von Hausarbeiten, Abschlussarbeiten, wissenschaftlichen Aufsätzen, Dissertationen und Fachbüchern.

Besuchen Sie uns im Internet:

http://www.grin.com/

http://www.facebook.com/grincom

http://www.twitter.com/grin_com

Westfälische Wilhelms-Universität Münster
Institut für Kommunikationswissenschaft
Seminar: Einführung in die politische Kommunikation

Wintersemester 10/11

Wahlkampf 2.0

Revolutioniert das Social Web die politische Kommunikation?

Jan Horak

Inhaltsverzeichnis

1. Einführung

Internetbasierte Kommunikation hat in den letzten Jahren eine rasante Entwicklung durchlaufen: Eine verbesserte Infrastruktur und sinkende Kosten für Breitbandanschlüsse haben in Deutschland und anderen Industriestaaten zu einer fast flächendeckenden Versorgung der Bevölkerung mit Internetzugängen geführt, neue Technologien und interaktive Anwendungen ermöglichen innovative Formen des kommunikativen Austausches. Mit den Schlagworten ‚Web 2.0' und ‚Social Web' wird versucht, die neu entstandenen komplexen Angebotsstrukturen und Nutzungsmöglichkeiten begrifflich zu fassen – sie prägen sowohl die gesellschaftlichen wie auch die wissenschaftlichen Diskurse zu den verschiedensten Formen zeitgenössischer Onlinekommunikation.

Durch seine spezifischen Strukturen und Nutzungsmöglichkeiten kann besonders dem Social Web theoretisch eine bedeutende Rolle bei der Kommunikation von und über Politik zukommen – sowohl für politische Kommunikatoren als auch für die Wähler als ‚Endverbraucher' politischer Kommunikation. Im Rahmen dieser Arbeit sollen zunächst kurz die Potentiale politischer Kommunikation im Social Web herausgearbeitet werden, um dann anhand des US-Präsidentschaftswahlkampfs 2008 und des Bundestagswahlkampfs 2009 darzustellen, ob und inwieweit diese Potentiale aktuell in der Wahlkampfkommunikation bereits berücksichtigt werden. Eine systematische Aufarbeitung verschiedener Forschungsbeiträge bezüglich des Einsatzes von Social Software in beiden genannten Wahlkämpfen soll eine vergleichende Betrachtung und abschließend eine Einordnung und Bewertung unter Berücksichtigung der theoretischen Vorüberlegungen ermöglichen.

Die Analyse konzentriert sich dabei hinsichtlich des US-Präsidentschaftswahlkampfs 2008 auf die Online-Aktivitäten der Kandidaten Obama und McCain, während die Auseinandersetzung mit dem Bundestagswahlkampf 2009 anhand der Webauftritte der Parteien CDU, SPD, FDP, Grüne und Linke sowie ihrer jeweiligen Spitzenkandidaten erfolgt. Das Ziel ist die Klärung der Fragen, welche Bedeutung dem Social Web in der politischen Kommunikation – sowohl auf Kommunikator- als auch auf Nutzerseite – zukommt, ob sich die gewonnenen Erkenntnisse mit dem aktuellen Stand der Nutzungsforschung decken und welche Lehren daraus zu ziehen sind.

2.   Theoretische Grundlagen

2.1   Web 2.0 und Social Web: Strukturen und Anwendungsbereiche

Wenn vom Web 2.0 die Rede ist, entstehen in der Regel Assoziationen mit einem bunten ‚Mitmach-Web' oder dem ‚Internet für alle'. Jedoch handelt es sich beim Web 2.0 nicht – wie der Name vermuten lässt – um eine bestimmte Technologie oder Anwendung, der Begriff bezeichnet vielmehr die Gesamtheit verschiedener neuer Angebotsstrukturen und rekurriert auf ein daraus resultierendes verändertes Nutzungsverhalten (vgl. Ebersbach/Glaser/Heigl 2008: 23). Als grundlegendes Charakteristikum des ‚Web 2.0' kann das Prinzip des ‚user-generated content' oder ‚user-created content' gelten – es besagt, dass der Inhalt eines Webangebots nicht vom Eigentümer der Seite generiert wird, sondern von seinen Nutzern. Webangebote, die auf diesem Prinzip basieren – dazu zählen beispielsweise sämtliche sozialen Netzwerke, Wiki-Plattformen und Blogsysteme – begünstigen nicht nur den Zusammenschluss und die Interaktion der Nutzer, sie erheben sie sogar zur Grundvoraussetzung. Vor dem Hintergrund der Zielsetzung dieser Arbeit soll es im Folgenden vor allem um eben jene soziale Dimension des ‚Web 2.0' gehen, die sowohl im gesellschaftlichen Diskurs als auch im Rahmen wissenschaftlicher Auseinandersetzungen als ‚Social Web' bezeichnet wird. Der im Rahmen dieser Arbeit vorgenommenen Analyse politischer Onlinekommunikation im Social Web liegt folgendes Begriffsverständnis zugrunde (in Anlehnung an Ebersbach/Glaser/Heigl 2008: 31):

> Das ‚Social Web' besteht aus webbasierten Anwendungen, die für Menschen den Kommunikationsaustausch, den Beziehungsaufbau und deren Pflege, die Kommunikation und die kollaborative Zusammenarbeit in einem gesellschaftlichen oder gemeinschaftlichen Kontext unterstützen, sowie den Daten, die dabei entstehen, und den Beziehungen zwischen Menschen, die diese Anwendungen nutzen.

Im Gegensatz zu dem recht diffusen und definitorisch schwer zu fassenden Konstrukt ‚Web 2.0' bezeichnet der Begriff ‚Social Web' also konkret benennbare Teilbereiche des Webs, „bei denen es nicht um neue Formate oder Programmarchitekturen, sondern um die Unterstützung sozialer Strukturen und Interaktion über das Netz geht" (Ebersbach/Glaser/Heigl 2008: 29). Die Bezeichnung bezieht sich also ausschließlich auf „Resultat und Umfeld der Anwendung von Social Software" (Schmidt 2009: 21) und lässt den technisch-infrastrukturellen Aspekt – sofern er für das Verständnis nicht zwingend notwendig ist – außer Acht.

2.2 Potentiale politischer Kommunikation im Social Web

Schon vor dem Aufkommen des Phänomens Web 2.0 gaben die demokratischen Potentiale des Internets Anlass zu umfangreicher wissenschaftlicher Auseinandersetzung. So erkannten Bieber/Leggewie bereits 2004:

> Das Neue und Besondere an den Neuen Medien ist, technisch gesprochen, ihre Rückkanalfähigkeit. Dies ist das eigentliche interaktive Potential, das mit den Konventionen klassischer Massenkommunikation bricht und damit auch einen politischen Kommunikationsstil in Frage stellt, in welchem Großorganisationen [...] als Sender einseitig auf das relativ homogen gedachte Massenpublikum wirken [...]. (Bieber/Leggewie 2004: 125)

Bieber/Leggewie sprechen Internetmedien durch eben jene Rückkanalfähigkeit ein deliberatives Potential zu, welches „in der optimalen Verbindung von ‚Reichweite' (Massenkommunikation) und ‚Intensität' (moderierte, zum Teil interaktive Foren mit wenigen Dutzend Teilnehmern)" liege. In der Smitten stellt bezüglich der politischen Rolle von Online-Gemeinschaften rückblickend zusammenfassend fest (vgl. In der Smitten 2007: 265ff):

1. Online-Vergemeinschaftung findet statt, und Online-Gemeinschaften sind bestimm- und kategorisierbar
2. Online-Gemeinschaften steht ein breites Repertoire an Handlungsmöglichkeiten zur Verfügung, das politisch genutzt werden kann
3. Online-Gemeinschaften entfalten politische Handlungen
4. Die politischen Zielsetzungen von Online-Gemeinschaften bleiben oft diffus und die Wirkungen ihrer Handlungen gering
5. Die zentrale Folge politischen Online-Handelns ist die Erregung öffentlicher Aufmerksamkeit als Zeichen gelungener Interessenartikulation [...]

Was die Autoren hier als Potential erkannt haben, kann in besonderem Maße auch für die Strukturen und Anwendungsbereiche des Social Webs gelten: Geringe Zugangshürden und die durch zunehmende Angebotsverzahnung und mobile Endgeräte inzwischen annähernd omnipräsente Verfügbarkeit des Social Webs als virtueller Diskursebene bieten theoretisch viel Raum für politische Debatten und Entscheidungsfindungsprozesse:

> Bürger können persönliche Öffentlichkeiten nutzen, um ihre eigenen Meinungen und politischen Positionen zu artikulieren, aber sich auch themenbezogen zusammenfinden und gemeinsam oder im Verbund mit zivilgesellschaftlichen Organisationen für bestimmte Anliegen oder Kampagnen engagieren. (Schmidt 2009: 151)

Werden – wie es häufig zu beobachten ist – online geführte Debatten von den traditionellen Massenmedien aufgegriffen und infolgedessen auf die politische Agenda gesetzt, kann das Netz theoretisch zum Motor realer, nichtvirtueller demokratischer Entscheidungsprozesse werden. Da im Social Web in der Regel keinerlei journalistische Vermittlungsinstanzen vorhanden sind, können (politi-

sche) Inhalte ungefiltert ausgetauscht und veröffentlicht und somit Meinungsfrei-
heit sichergestellt werden – auf der anderen Seite finden durch die fehlende in-
haltliche Kontrolle jedoch auch extreme Positionen leichter Zugang zum politischen Online-Diskurs. Zudem birgt die schiere Menge verschiedener Positionen
und parallel geführter Debatten die Gefahr, sämtliche online stattfindende Delibe-
ration zu einem politisch belanglosen ‚Grundrauschen' verkommen zu lassen. Für
die etablierten politischen Akteure ist das Social Web in zweierlei Hinsicht inte-
ressant: Zum einen stellt es eine virtuelle politische Arena dar, in der Meinungen
ausgetauscht und Wahlentscheidungen getroffen werden – eine erfolgreiche
Teilnahme an virtuell stattfindenden Diskursen verspricht folglich mittelbar realen
politischen Machtgewinn, virtuelle Nichtpräsenz kann hingegen zu realem Macht-
verlust führen. Zum anderen bietet das Social Web diverse Möglichkeiten, sich
als volksnah zu präsentieren, Authentizität zu demonstrieren und in direkten Dialog mit potentiellen Wählern zu treten.

Es ist deutlich geworden, dass das Internet im Allgemeinen und das Social Web im Besonderen große Potentiale für die politische Kommunikation besit-
zen, die jedoch auch mit Risiken behaftet sind und zudem möglicherweise ungenutzt bleiben. So stellt sich unter anderem die Frage, ob die Dynamik und Unmit-
telbarkeit politischer Kommunikation im Social Web von den etablierten politischen Akteuren überhaupt als Chance wahrgenommen und das damit verbunde-
ne Mobilisierungspotential im Wahlkampf entsprechend genutzt wird. Dies wird
im Zuge der folgenden vergleichenden Metaanalyse anhand des US-
Präsidentschaftswahlkampfs 2008 und des Bundestagswahlkampfs 2009 zu
überprüfen sein.

2.3   Empirische Nutzungsbefunde

Die in Gesellschaft und Wissenschaft stattfindenden Debatten über Potentiale
und Chancen des Internets für die politische Kommunikation haben durchaus ihre
Berechtigung, scheinen jedoch ohne Abgleich mit konkreten empirischen Kennzahlen aus der Nutzungsforschung müßig. Es lassen sich noch so viele Potentiale beschwören – wird das Netz nicht politisch genutzt, werden die zweifellos vor-
handenen Chancen verspielt.

In den vergangenen Jahren hat die Verbreitung des Internets stetig zuge-
nommen. Im Jahr 2008 betrug der Anteil der Deutschen mit mindestens gele-
gentlicher Internetnutzung 65,8 Prozent (vgl. Emmer/Vowe/Wolling 2010: 88), die
Ausstattung mit Breitbandanschlüssen ist inzwischen beinahe flächendeckend.
Die Onliner liegen infolgedessen „mittlerweile nahe am Bevölkerungsdurch-

schnitt" mit „leicht höheren Werten bei Bildung und Einkommen." (Emmer/Vowe/Wolling 2010: 94). Auffällig ist, dass sich On- und Offliner offenbar hinsichtlich ihrer politischen Einstellungen unterscheiden, wie die Autoren ermittelt haben:

> Die grundsätzlichen Einstellungen gegenüber dem politischen System sind bei den Offlinern kritischer, ebenso ist die Selbsteinschätzung hinsichtlich politischem Einfluss und politischer Kompetenz schlechter als in der Gruppe der erfahrenen Onliner. (Emmer/Vowe/Wolling 2010: 95)

Allerdings „gehört Politik nicht zu den zentralen Interessensbereichen der Internetnutzer: Während praktisch alle im Netz aktiv nach Informationen suchen, spielen politische Informationen nur bei einem knappen Drittel [der Onliner] eine Rolle […]." (Emmer/Vowe/Wolling 2010: 99). Diejenigen Nutzer, die sich für politische Inhalte interessieren, scheinen davon jedoch messbar zu profitieren:

> Die im Internet verbrachte Zeit führt teilweise zu einer Zunahme aus dem Bereich der ‚civic participation'. [...] Internetzugang und -nutzung sowie Verwendung politischer Online-Inhalte führten nicht zu einer Abwendung der Bürger von Politik, sondern sind tendenziell verknüpft mit verstärktem politischem Engagement und intensiverer politischer Kommunikation [...]. (Emmer/Vowe/Wolling 2010: 90)

Nicht nur zur Suche nach politischen Informationen, auch für politische Debatten wird das Netz genutzt. Dabei stechen besonders die jüngeren Nutzer deutlich heraus: Gut 50 Prozent der 18- bis 38-jährigen unterhalten sich online über Politik, knapp 30 Prozent bieten selbst entsprechende Inhalte an – Tendenz steigend (vgl. Emmer/Vowe/Wolling 2010: 103). Es liegt auf der Hand, dass diese Gruppe besonders von den Strukturen und Nutzungsmöglichkeiten des Social Webs profitieren kann – entsprechende Untersuchungen von Bräuer/Seifert/Wolling stützen diese Annahme. Regelmäßige Nutzer von Web 2.0-Applikationen besuchen demnach häufiger die Onlineauftritte von Politikern, informieren sich häufiger online über das politische Geschehen, stehen häufiger im Kontakt zu politischen Akteuren und führen häufiger – sowohl online als auch offline – politische Gespräche mit Freunden und Bekannten (vgl. Bräuer/Seifert/Wolling 2008: 200f).

Zwar beziehen sich die genannten Kennzahlen ausschließlich auf die Bundesrepublik Deutschland und lassen sich nicht eins zu eins auf die USA übertragen, sie verdeutlichen jedoch eine in beiden Ländern gleichermaßen zu beobachtende Tendenz. Es kann also festgestellt werden: Bei weitem nicht alle Internetnutzer nutzen das Internet für politische Zwecke. Diejenigen, die das doch tun, profitieren sowohl online als auch offline von den online verfügbaren Informationen und den im Netz geführten Debatten. Besonders das Social Web scheint an Bedeutung für online geführte Deliberationsprozesse zu gewinnen.

3. Die Nutzung des Social Webs im Wahlkampf

3.1 Die US-Präsidentschaftswahl 2008

Der US-Präsidentschaftswahlkampf 2008 gilt als der erste und bisher einzige demokratische Wahlkampf, bei dem „das Internet nicht nur als *zusätzlicher* [kursiv im Original] Kommunikationskanal genutzt wurde" (Thimm 2010: 369) und – folgt man der Argumentation zahlreicher Analysen – die Wahlkommunikation im Social Web den Wahlausgang möglicherweise entscheidend beeinflusst hat (vgl. u.a. Denton/Hendricks 2010).

Besonders die Kampagne des damaligen demokratischen Kandidaten und nun amtierenden Präsidenten Barack Obama kann als beispielhaft für eine gelungene Einbindung neuer Kommunikationsformen des Social Webs in den Wahlkampf gelten. Obama schaffte es „mit Hilfe von Social Software, ein sich selbst organisierendes Unterstützernetzwerk zu mobilisieren" (Thimm 2010: 370), wobei er sich verschiedener ineinandergreifender Strategien bediente. Kernziel war dabei das so genannte ‚Online-Grassrooting' – die persönliche Ansprache und gezielte Mobilisierung potentieller Wähler über das Internet. Dabei setzte Obama auf der einen Seite zunächst auf diverse etablierte Online-Communities und Social Networks, in denen er bzw. sein Wahlkampfteam Präsenz zeigten. Dazu zählte neben dem Kurznachrichtendienst *Twitter* und dem Social Network *Facebook* auch die Videoplattform *YouTube*, über die Obama im Laufe seines Wahlkampfes insgesamt 1.239 Videos mit Kurzbotschaften und Spendenaufrufen veröffentlichte (vgl. Thimm 2010: 371). Durch die rasant zunehmende Popularität des Obama-Kanals auf *YouTube* stieg auch die Zahl der Nutzer, welche selbst in eigenen Videobotschaften zur Unterstützung Obamas aufriefen. Diese so genannten ‚user-generated clips' „wurden zum Teil millionenfach angesehen und beeinflussten durch die einfache Möglichkeit des ‚Social Sharing' die Meinungen der Wählerinnen und Wähler immens" (Brauckmann 2010: 169).

Neben den Aktivitäten in etablierten Online-Communities schuf das Obama-Team mit *my.barackobama.com* einen eigenen interaktiven Webauftritt, bei dem sich Unterstützer informieren und untereinander austauschen konnten sowie „Anleitungen zum Führen von Telefongesprächen erhalten, sich eine Liste von Nachbarn geben lassen, die sie im persönlichen Gespräch überzeugen sollten, und vieles mehr" (Brauckmann 2010: 172). Registrierte Nutzer konnten bei der Ansprache ihrer Nachbarn in Wettstreit mit anderen Unterstützern treten und je nach Anzahl der erfolgreich von ihnen angesprochenen Personen in einem an Computerspiele erinnernden Levelsystem aufsteigen (vgl. Ketzer 2009: 17). Zudem konnten sie ihre E-Mail-Adresse oder Handynummer registrieren lassen, um personalisierte Vorabinfos zu Wahlkampfauftritten oder Spendenaufrufe auf ihre jeweiligen Endgeräte zu erhalten, wobei die E-Mails und SMS je nach Anlass jeweils von Barack Obama, seiner Frau Michelle, dem Vizekandidaten Joe Biden oder führenden Mitarbeitern aus dem Wahlkampfteam unterzeichnet waren und sich der Nachrichtenstil dementsprechend unterschied. Dabei „nutzte man eine personalisierte und differenzierte Ansprache [...] und belohnte die Anhänger durch exklusive Informationen [...]. All dies erzeugte in der Gruppe der Unterstützer ein Gefühl der Zugehörigkeit [...]" (Thimm 2010: 276).

Die Online-Aktivitäten Obamas beschränkten sich jedoch nicht nur auf soziale Netze – der Kandidat versuchte überall dort Präsenz zu zeigen, wo Menschen online zusammentreffen und sich austauschen. Dies ging sogar soweit, dass Obama zur Erreichung der zahlenmäßig großen, jedoch politisch bisher kaum beachteten Computerspielerszene Wahlaufrufe in Rennspielen der Spielkonsole X-Box platzierte und in der von Avataren bevölkerten Lebenssimulation ‚Second Life' ein virtuelles Wahlkampfbüro inklusive eigenem Obama-Avatar unterhielt (vgl. Otenyo 2010: 127ff). Dadurch gelang Obama „die Ansprache der jeweiligen Netzkultur in der ihr eigenen Kommunikationsform", zudem „trug die Berichterstattung über die vielfältige Onlinepräsenz Obamas [...] maßgeblich zu deren Verbreitung in traditionellen Milieus bei und festigte seinen Ruf als moderner und jugendlicher Kandidat" (Thimm 2010: 381).

Auch hinsichtlich des für eine Wahlkampagne existenziell notwendigen Fundraising setzte Obama auf die Kommunikationsstrukturen des Social Webs. So wurden Spenden über *my.barackobama.com* „nicht mehr nur einfach abgegeben, sondern mit dem Spender einer ähnlichen Summe ‚vernetzt'. So wurden zwei Unterstützer [zusammengeführt], die sich dann in der Folge als Gleichgesinnte weiter motivieren konnten und gleichzeitig ihr Netzwerk erweiterten" (Brauckmann 2010: 181). Zudem nahmen alle Onlinespender automatisch an einer Verlosung teil, bei der sie unter anderem eine persönliche Begegnung mit ihrem Kandidaten gewinnen konnten. Auf diese Weise akquirierte Obama allein im Juni 2008 insgesamt 52 Millionen US-Dollar an Onlinespenden (vgl. Brauckmann 2010: 169).

Durch seine Omnipräsenz im Social Web gelang es Obama, einen Großteil der US-amerikanischen Blogszene auf seine Seite zu ziehen, welche für die politische Kommunikation in den USA eine weitaus größere Rolle spielt als in Deutschland und sich in den letzten Jahren sowohl zum ernsthaften Konkurrenten als auch zur Bezugsquelle etablierter Massenmedien entwickelt hat (vgl. Thimm 2010: 373). Neben prominenten Politblogs mit hunderttausenden Besuchern pro Tag wie der *Huffington Post* oder *DailyKos.com* waren es „insbesondere die vielen Jugend- und Studierendenblogs, die eine hohe Mobilisierungskraft entwickelten und die Unterstützung Obamas an den Universitäten maßgeblich mit organisierten" (Thimm 2010: 375).

Zwar nutzte auch der republikanische Gegenkandidat John McCain die Möglichkeiten des Social Webs für seine Kampagne, dies jedoch nicht annähernd so erfolgreich wie Obama. Wie Obama war auch McCain auf der Videoplattform *YouTube* vertreten, und „Millionen Zuschauer sahen Videos, in denen sich Obama und McCain gegenseitig ihre politische Professionalität absprachen" (Brauckmann 2010: 169). Allerdings veröffentlichte Obama im Laufe des Wahlkampfes insgesamt knapp fünfmal so viele Clips wie McCain und erreichte allein durch die schiere Anzahl der Videos eine weitaus höhere Aufmerksamkeit. Mit dem Aufruf an seine Unterstützer, vorformulierte Wahlkampfbotschaften und Foren, Blogs und Chats zu verbreiten, büßte McCain zudem stark an Authentizität und Glaubwürdigkeit ein, „beides entscheidende Erfolgskriterien im Internet" (Brauckmann 2010: 170). Und schließlich handelte es sich bei sämtlichen Aktivitäten McCains im Social Web in der Regel um isoliert voneinander stattfindende Aktionen, eine umfassende Vernetzung von Communities und eine anschließende Mobilisierung seiner Online-Unterstützer für den Offline-Wahlkampf gelangen ihm nicht.

Anhand des US-Präsidentschaftswahlkampfs 2008 wird auch erkennbar, dass eine massenhafte Mobilisierung von Anhängern über das Social Web zwar enorme Chancen bietet, jedoch für die Kandidaten stets auch mit dem Risiko eines Kontrollverlustes verbunden ist. So ist der Fall einer bloggenden Obama-Anhängerin bekannt, die dem Kandidaten auf seiner Wahlkampfreise durch die USA folgte und ihre Erlebnisse anschließend online veröffentlichte. Als Obama sich im Rahmen eines Fundraising-Dinners unter Ausschluss der traditionellen Massenmedien abfällig über die politischen Ansichten pennsylvanischer Kleinstädter äußerte, gelangten diese Aussagen anschließend über den Blog der Anhängerin an die (Netz-)Öffentlichkeit. Dort lösten sie einen Sturm der Empörung aus, so dass Obama sich öffentlich entschuldigen musste (vgl. Thimm 2010: 373f). Auch die Gruppendynamik in Social Networks kann zu einem Risikofaktor werden – Obama erlebte dies anhand seiner eigenen Community auf *my.barackobama.com*. Eine Gruppe von Anhängern forderte den Kandidaten online auf, umstrittene Teile eines Gesetzes zur Terrorabwehr abzulehnen. Obama, der sich bis zu diesem Zeitpunkt diesbezüglich aus wahltaktischen Gründen nur zögerlich positioniert hatte, sah sich durch die rasant auf über 16.000 Unterstützer anwachsende Gruppe gezwungen, eindeutig Position zu beziehen (vgl. Brauckmann 2010: 172f).

3.2 Die Bundestagswahl 2009

Der Wahlkampf zur Bundestagswahl 2009 fand in direkter zeitlicher Folge zur US-Präsidentschaftswahl 2008 statt – es liegt also die Vermutung nahe, dass die in den USA im Internetwahlkampf gesammelten Erfahrungen einen feststellbaren Einfluss auf die Online-Aktivitäten der deutschen Kandidaten haben und die Wahlkampfkommunikation insgesamt prägen würden. Zu beobachten ist in jedem Fall, dass „die deutschen Parteien twitter [sic!] und auch alle anderen Applikationen des Web 2.0 auf Bundesebene erstmals im Wahlkampf 2009 in vollem Maße einsetzten" (Elter 2010: 21). Zwar gehören „Blogs, Facebook-Profile und Twitter-Accounts [...] heute zum Standardrepertoire der politischen Kommunikation während eines Wahlkampfs" (Quandt/von Pape 2010: 390), allerdings lassen sich hinsichtlich der Nutzung des Social Webs durch die politischen Akteure einige signifikante quantitative wie auch qualitative Unterschiede feststellen.

Die CDU, welche als führende Regierungspartei einer großen Koalition in den Wahlkampf ging, präsentierte sich vor allem über ihr parteieigenes Kampagnenportal *teAM2009.de*, über das interessierte Wähler aktuelle Informationen, Podcasts und eingebettete Videos aus dem *YouTube*-Kanal der Partei abrufen konnten – „[m]ultimedial war die Seite also durchaus, jedoch blieben Gelegenheiten für interaktive Funktionen [...] ungenutzt" (Elter 2010: 61): So konnten sich Unterstützer zwar registrieren lassen und auf diese Weise – zumindest online – Teil des ‚Team Angela Merkel' werden, Möglichkeiten zum Anlegen individueller Unterstützerprofile oder eine Community-Funktion existierten hingegen nicht (vgl. Ketzer 2009: 18). Merkel selbst präsentierte ihre Homepage als Blog mit Informationen zu Wahlkampfauftritten, aktuellen Meldungen aus der Politik sowie Links zu ihren Profilen in sozialen Netzen wie *Facebook* oder *StudiVZ*, wobei alle Einträge „in der dritten Person verfasst [waren]. [...] Persönliche Einträge aber suchte man vergeblich" (Elter 2010: 34f). Merkel setzte bei allen Plattformen auf eine hohe Videopräsenz und wandte sich auf diesem Wege ähnlich wie Obama im US-Wahlkampf direkt und persönlich an ihre Anhängerschaft.

Die SPD betrieb während des Wahlkampfes die Onlineplattform *meinespd.net*, welche hinsichtlich ihrer Konzeption und Funktionalität an *my.barackobama.com* erinnerte. Registrierte Nutzer konnten individuelle Profile pflegen, sich in thematisch organisierten Gruppen zusammenfinden und Diskussionen führen (vgl. Ketzer 2009: 18). Im Gegensatz zu Obama und seinem Team (vgl. Kapitel 3.1) ging die SPD dabei jedoch nicht auf Kritiker ein und unterband unliebsame Diskussionen – so wurde beispielsweise ein Unterforum, in dem ein SPD-Anhänger offen Kritik am SPD-Ministerpräsidenten Kurt Beck geäußert hatte, wegen ‚Diffamierung von Mandatsträgern' geschlossen (vgl. Ketzer 2009: 18).

Der Spitzenkandidat der SPD, Merkel-Herausforderer und bisherige Vizekanzler Frank-Walter Steinmeier setzte ähnlich wie die Kanzlerin auf eine Internetpräsenz in Blogform. Anders als bei Merkel waren die Einträge Steinmeiers jedoch in der Ich-Form verfasst und beinhalteten neben klassischen Wahlkampfinformationen auch Schilderungen seines Gefühlslebens (vgl. Elter 2010: 38f). Wie Merkel verfügte auch Steinmeier über Profile in verschiedenen sozialen Netzwerken, nutzte diese allerdings hauptsächlich als Verlautbarungsinstrument, über die er schon bestehende Inhalte seines Blogs publizierte. Zwar ließ sich auf diese Weise die Reichweite von Steinmeiers Wahlkampfbotschaften erhöhen, „[s]pätestens jedoch, wenn der Besucher mehrere Plattformen nutzt, die untereinander verlinkt sind, sind die Redundanzen augenfällig" (Elter 2010: 39f). Per *YouTube* und *Twitter* äußerten sich Steinmeier und sein Team offener, bewarben eigene Wahlkampfspots und verlinkten auf Videos mit verbalen Ausrutschern seiner Kontrahentin Merkel (vgl. Elter 2010: 40).

Im Gegensatz zu den zwei großen Volksparteien hatte die FDP „das Potenzial von Multiplikatoren im Netz offenbar erkannt und warb [...] ausdrücklich um Unterstützung auf privaten Homepages" (Elter 2010: 65). Außerdem fanden sich auf der offiziellen FDP-Seite ähnlich wie auf *my.barackobama.com* Tipps und Anregungen für den Offline-Wahlkampf sowie E-Mail- und SMS-Verteilerlisten, über die interessierte Wähler exklusive Informationen erhalten konnten. Auf der Seite des FDP-Spitzenkandidaten Guido Westerwelle befanden sich Links zu FDP-nahen Blogs, Foren, Diskussionsgruppen und Videos mit Wahlkampfbotschaften. Anders als Merkel und Steinmeier nutzte Westerwelle seine Profile in verschiedenen sozialen Netzwerken vor allem dazu, Authentizität und Humor zu demonstrieren – beispielsweise durch Mitgliedschaft in Gruppen wie ‚Chuck Norris würde FDP wählen' (vgl. Elter 2010: 47f).

Der Webauftritt der Grünen beinhaltete zwar viele blogähnliche Inhalte mit Kommentarfunktionen, dafür jedoch weniger Videomaterial als es bei anderen Parteien der Fall war. Bemerkenswert ist die Aktion ‚3 Tage wach', im Rahmen derer direkt vor der Bundestagswahl 72 Stunden lang ein Livestream auf der Grünen-Homepage geschaltet war, über den Besucher der Seite mit dem Wahlkampfteam in Kontakt treten konnte, welches daraufhin live per Stream die Fragen der Nutzer beantwortete (vgl. Elter 2010: 68). Ähnlich wie Westerwelle nutzte auch die grüne Spitzenkandidatin Renate Künast ihre Community-Profile dazu, sich als Privatperson den Wählern näher zu bringen, und auch ihr Webauftritt kann – anders als die textlastige und unübersichtliche Internetpräsenz des zweiten Spitzenkandidaten Jürgen Trittin – „durchaus als modern beurteilt werden" (Elter 2010: 52).

Die Internetseite der Linkspartei war „kaum interaktiv ausgerichtet" und „bestenfalls als multimedial zu charakterisieren" (Elter 2010: 69). Zwar verfügte die Internetpräsenz der Partei über ein internes Forum; dieses war jedoch nur nach Registrierung nutzbar und richtete sich vor allem an wahlkampfaktive Parteianhänger statt an interessierte Wähler. Auch die beiden Spitzenkandidaten gebrauchten die kommunikativen Potentiale des Social Webs kaum: Die persönlichen Websites wurden lediglich zur Veröffentlichung von Informationen genutzt und verfügten über keinerlei interaktives Potential, die Profile in sozialen Netzwerken und dem Kurznachrichtendienst *Twitter* wurden kaum bis gar nicht gepflegt (vgl. Elter 2010: 54ff).

Zwar banden alle Parteien und Kandidaten verschiedene Arten von Social Software in ihre Onlineauftritte ein, die kommunikativen Möglichkeiten des Social Webs reizten sie jedoch bei weitem nicht aus. Besonders die Rückkanalfähigkeiten und Gruppendynamiken der Neuen Medien wurden kaum genutzt und interessierte Wähler somit nicht in den Onlinewahlkampf eingebunden. Die Kandidaten betrachteten soziale Netzwerke, Videoplattformen, und Kurznachrichtendienste offenkundig vor allem als zusätzliche Kanäle der einseitigen Informationsbereitstellung und ignorierten das dialogische Prinzip, welches diesen Angebotsformen ursprünglich zugrunde liegt. Direkte Interaktionsmöglichkeiten der Wähler mit den Kandidaten oder der Wähler untereinander gab es kaum. So versäumten es die Kandidaten, ihre Unterstützer online zu vernetzen – was, wie die Kampagne des US-Präsidentschaftskandidaten Barack Obama gezeigt hat, besonders hinsichtlich der Mobilisierung von Anhängern für den Offline-Wahlkampf von entscheidender Bedeutung sein kann.

Anders als im US-Präsidentschaftswahlkampf 2008 wurde vor der Bundestagswahl 2009 außerdem kaum versucht, Blogger als mediale Akteure ernst zu nehmen und als Multiplikatoren in den Wahlkampf einzubinden. Dies führte dazu, dass vor allem die deutsche Blogszene kritisch über den Onlinewahlkampf der Parteien und ihrer Kandidaten urteilte (vgl. Elter 2010: 87ff). Es wurde kritisiert, dass die Parteien zwar so viele neue Kommunikationsinstrumente eingesetzt hätten wie nie zuvor, ein echter Dialog dadurch jedoch nicht entstanden sei. Die Analyse hat gezeigt: Eine umfassende Nutzung des Social Webs „bedeutet nun mal einen Kontrollverlust und stellt ein Risiko dar, das man anscheinend noch nicht eingehen möchte" (Ketzer 2009: 19).

3.3 Zwischenfazit

Zusammenfassend lässt sich feststellen: Sowohl im US-amerikanischen Präsidentschaftswahlkampf 2008 als auch im deutschen Bundestagswahlkampf 2009 stellten die verschiedenen Angebotsformen des Social Webs wichtige Kommunikationsmittel dar, auf die keine Partei und kein Kandidat verzichtete. Dennoch lassen sich hinsichtlich der Nutzung deutliche Unterschiede ausmachen: In den USA zeigte vor allem die Kampagne Barack Obamas das mobilisierende Potential des Social Webs auf – seinem Kontrahenten John McCain gelang es hingegen kaum, das Onlinepublikum adäquat anzusprechen und Anhänger für den Wahlkampf zu mobilisieren. Auch in Deutschland blieben viele Möglichkeiten ungenutzt: Zwar zeigten sich alle Akteure bemüht, im Internet Präsenz zu zeigen, diese Angebote richteten sich jedoch vor allem an Mitglieder und Sympathisanten. Netzaktive Wähler auf der Suche nach Information wurden primär als passive Nachrichtenempfänger und nicht als Dialogpartner wahrgenommen. Einzig die FDP versuchte in Ansätzen, im Netz offensiv um neue Unterstützer zu werben und diese in den Wahlkampf einzubinden, doch auch hier war kaum Interesse an einer inhaltlichen Auseinandersetzung mit den Wählern erkennbar.

3.4 Einordnung und Bewertung

Es ist zu beobachten, dass die Netz-Kampagne Obamas häufig als Paradebeispiel gelungener Online-Kommunikation im Wahlkampf angeführt wird, wohingegen die politischen Akteure des Bundestagswahlkampfs 2009 gern für ihren angeblich naiven und stümperhaften Umgang mit dem Internet kritisiert werden, wobei „[d]en teils impliziten, teils expliziten Maßstab für die Aktivitäten deutscher Politiker und Parteien im Social Web" eben jener „erfolgreiche Präsidentschaftswahlkampf von Barack Obama" bildet (Schmidt 2009: 146). Dabei wird jedoch meist übersehen, dass die Ausgangslage für den Wahlkampf in beiden Ländern sowohl hinsichtlich der politischen Systeme als auch des Mediennutzungsverhaltens eine gänzlich andere ist.

So können deutsche Parteien aus verschiedenen Gründen persönliche Ansprachen im direkten Wählerkontakt leichter gewährleisten als US-amerikanische Parteien. Zum einen sind deutsche Parteien in der Regel feinstufig regional gegliedert, wohingegen in den USA Landes- und Ortsverbände in der hier bekannten Form faktisch nicht existieren (vgl. Elter 2010: 30). Zum anderen erschwert schon die schiere Größe des Landes den Direktkontakt eines Kandidaten mit den Wählern. Dazu kommt, dass auch hinsichtlich des Wahlsystems signifikante Unterschiede bestehen:

> Die Kanzlerin oder der Kanzler wird nicht vom Volk gewählt, sondern vom Parlament. Der amerikanische Präsident hingegen wird über den Umweg der Wahlmänner indirekt vom Volk gewählt. [...] Die USA haben also ein präsidiales System, Deutschland ein parlamentarisches. Damit sind Wahlkämpfe in den USA wesentlich besser zu personalisieren [...]. (Elter 2010: 30f)

Es liegt nahe, dass bedingt durch die genannten Umstände besonders dem Social Web, welches sich ja nicht zuletzt durch konsequente Personalisierung auszeichnet, als Instrument der politischen Kommunikation in den USA eine größere Bedeutung zukommen kann als in Deutschland.

Außerdem muss bei einer Bewertung des Wahlerfolgs von Obama und der Rolle des Social Webs berücksichtigt werden, dass insbesondere in den USA „das Gewinnen der Wahl häufig in direktem Bezug zu der jeweiligen Medienstrategie und dem Talent des Kandidaten, diese effektiv zu nutzen" steht (Thimm 2010: 366). So war Barack Obama nicht der erste Präsidentschaftskandidat, der eine neue Technologie gewinnbringend für sich einzusetzen verstand:

> Roosevelt nutzte das Radio als Mittel zur Kommunikation mit der Wählerschaft, John F. Kennedy verstand die Macht des Fernsehens deutlich besser als sein Kontrahent Nixon [...] und die Republikaner bauten eine geschickte Direkt-Mailing Kampagne [sic!] in den 1970er Jahren auf [...]. Die 1992er-Kampagne von Bill Clinton wiederum entdeckte die Wahlwerbung via Kabelfernsehen. (Thimm 2010: 366f)

Im Gegensatz dazu spielen in Deutschland „nach wie vor traditionelle Kommunikationskanäle eine entscheidende Rolle" (Elter 2010: 28). Dass dies so ist, liegt nicht zuletzt auch am Informationsverhalten der Wähler – auch diesbezüglich werden bei einer vergleichenden Betrachtung des US-Präsidentschaftswahlkampfes 2008 und des Bundestagswahlkampfes 2009 Unterschiede deutlich. So informierte sich im Vorfeld der Bundestagswahl 2009 mit 35,6 Prozent nur rund ein Drittel der Bundesbürger im Internet über Parteien, Kandidaten und ihre Positionen. In den USA taten dies 2008 mit 42,4 Prozent etwas mehr – und das, obwohl der Gesamtanteil der Internetnutzer an der Bevölkerung in Deutschland sogar etwas höher liegt als in den USA (vgl. Quandt/von Pape 2010: 391).

Im Hinblick auf den Bundestagswahlkampf ist die Frage nach der Wirkungsrichtung vor dem Hintergrund dieser Zahlen nicht eindeutig zu beantworten: Es bleibt unklar, ob die politischen Akteure in Deutschland von vornherein kaum auf den Einsatz des Social Web setzen, weil sie sich der sekundären Bedeutung des Netzes für die politische Information der Bürger bewusst waren, oder aber ob sich die Wähler aufgrund mangelnder Online-Angebote in der Folge eher den traditionellen Massenmedien zuwandten. Deutlich geworden ist auf jeden Fall:

> Die intensiv diskutierten Web-2.0-Angebote spielten im bundesdeutschen Wahlkampf 2009 kaum eine Rolle. Nur wenige Prozent der Nutzer greifen auf sie zurück, und dann meistens nicht aktiv-partizipierend, sondern als passive Beobachter. (Quandt/von Pape 2010: 397)

Mit Blick auf Amerika zeigen die Nutzungszahlen deutlich die höhere Bedeutung des Internets für die politische Information und somit auch die potentiell größere Wirkungsmacht von Social Web-Kampagnen auf. Unstrittig ist, dass es Obama und seinem Team gelungen ist, durch kluge Vernetzung zahlreiche Unterstützer über das Internet zu mobilisieren. Insofern mag es einleuchtend erscheinen, dass die Onlinepräsenz des Kandidaten möglicherweise entscheidenden Anteil an seinem Wahlerfolg hatte – belegen lässt sich dies jedoch nicht. Schließlich ist auch in den USA die Bedeutung, die traditionellen Massenmedien im Wahlkampf beigemessen wird, sowohl auf Akteurs- als auch auf Wählerseite ungebrochen hoch. In Bezug auf die Wahl 2008 gaben beispielsweise 62,9 Prozent der befragten Wähler an, ihre Hauptinformationsquelle im Wahlkampf sei das Fernsehen (vgl. Quandt/von Pape 2010: 394). Der Kandidat Obama investierte im Laufe des Wahlkampfes mit ca. 250 Millionen US-Dollar etwa doppelt so viel Geld in TV-Spots wie sein Kontrahent McCain (vgl. Quandt/von Pape 2010: 397). Von den insgesamt von allen beteiligten Parteien aufgebrachten Wahlkampfkosten von 15 Milliarden US-Dollar entfielen nur knapp 100 Millionen auf den Online-Wahlkampf (vgl. Brauckmann 2010: 187). Es wird oft argumentiert, dass „[n]ie zuvor [...] so viele Menschen in den USA das Internet zur politischen Partizipation [nutzten] wie zur Zeit des Präsidentschaftswahlkampfes 2008" (Thimm 2010: 370). Das mag stimmen – vor dem Hintergrund der genannten Zahlen scheint es jedoch zumindest unwahrscheinlich, dass das Internet im Allgemeinen bzw. das Social Web im Besonderen wahlentscheidend gewesen sein soll.

4.   Fazit und Ausblick

Hinsichtlich der eingangs gestellten Frage, ob das Social Web die politische Kommunikation revolutioniert, lässt sich an dieser Stelle keine eindeutige Antwort geben. Zweifellos kann das Social Web ein mächtiges Instrument der politischen Kommunikation sein – sowohl für die Politikvermittlung als auch die Teilhabe der Nutzer an deliberativen Prozessen. Aktuelle Forschungen haben gezeigt, dass das Internet für die Auseinandersetzung mit Politik tendenziell förderlich ist (vgl.

Kapitel 2.3). Durch das Social Web können Wählergruppen angesprochen werden, die bisher von politischer Kommunikation kaum erreicht wurden. Es bietet interessierten Bürgern Möglichkeiten der Partizipation und eröffnet eine neue politische Arena, welche die kommunikative Distanz zu den politischen Akteuren verringert und in der sich diese glaubwürdig präsentieren müssen – der ehemalige deutsche Verteidigungsminister Karl-Theodor zu Guttenberg ist im Skandal um seine Doktorarbeit nicht zuletzt über die Schwarmintelligenz der Internetnutzer gestolpert. Der US-Präsidentschaftswahlkampf 2008 hat gezeigt, dass das Social Web eine wichtige Funktion im Wahlkampf übernehmen kann. Durch den Bundestagswahlkampf 2009 wiederum wurde deutlich, dass dies nicht zwangsläufig der Fall sein muss. Nur wenn sich die politischen Kommunikatoren vorbehaltlos auf einen Onlinedialog einlassen und die Wähler diesen verantwortungsvoll zu nutzen wissen, kann das Social Web seine Potentiale ausspielen:

> [P]olitische Akteure [werden] nicht von heute auf morgen dialogorientiert, genausowenig wie desinteressierte oder politikferne Bürger von heute auf morgen zu engagierten werden. Die Hoffnung, dass es mit der Verbreitung der technischen Werkzeuge des Social Web nun auch zur ‚Politik 2.0‘ käme, unterliegt einem technikdeterministischen Fehlschluss. (Schmidt 2009: 155)

Auch die Risiken eines möglichen Bedeutungsgewinns des Social Webs im politischen Betrieb dürfen nicht außer auch gelassen werden. So besteht die Gefahr, dass durch die Reduktion komplexer politischer Botschaften auf kurze Videoclips oder Textnachrichten und durch den impliziten Zwang zur Personalisierung die Darstellung und Präsentation von Inhalten wichtiger wird als die Inhalte selbst. Zudem verstärkt eine Verlagerung des Wahlkampfes ins Netz den *Digital Divide* hinsichtlich deliberativer Prozesse. Unter Berücksichtigung des in Kapitel 2.3 dargestellten Forschungsstands zur (politischen) Nutzung des Internets wird deutlich, dass dabei sogar mit einer doppelten digitalen Kluft zu rechnen ist:

> [Z]um einen mit einer Kluft in der prinzipiellen Nutzung des Internets, die auf Zugangsunterschiede zurückzuführen ist, zum anderen mit einer Kluft in der spezifischen Verwendung des Internets für Wahlkampfinformationen. Die Klüfte verlaufen dabei entlang der Trennlinien Alter und Bildung. (Quandt/von Pape 2010: 390f)

Als Fazit bleibt: Das Social Web kann die politische Kommunikation möglicherweise langfristig verändern. Ob dies uneingeschränkt als positiv zu bewerten ist und wer davon letztlich im Einzelnen profitiert, bleibt abzuwarten. Es ist die Aufgabe kommunikationswissenschaftlicher Forschung, fern von apodiktischer Euphorie eine sachliche Auseinandersetzung mit den kommunikativen Potentialen und Risiken des Social Webs und deren konkret messbaren Auswirkungen auf die politische Realität voranzutreiben.

5. Quellenverzeichnis

Bieber, Christoph/Leggewie, Claus (2004):

Demokratie 2.0. Wie tragen neue Medien zur demokratischen Erneuerung bei? In: Offe, Claus (Hrsg.): Demokratisierung der Demokratie. Diagnosen und Reformvorschläge. Frankfurt/New York: Campus-Verlag, S. 124-151.

Brauckmann, Patrick (2009):

Der US-Präsidentschaftswahlkampf 2008. Winning the Web War. In: Merz, Manuel/Rhein, Stefan (Hrsg.): Wahlkampf im Internet. Handbuch für die politische Online-Kampagne. Berlin: Deutsches Institut für Public Affairs, S. 167-188.

Bräuer, Marco/Seifert, Markus/Wolling, Jens (2008):

Politische Kommunikation 2.0 – Grundlagen und empirische Ergebnisse zur Nutzung neuer Partizipationsformen im Internet. In: Schmidt, Jan/Welker, Martin/Zerfaß, Ansgar (Hrsg.): Kommunikation, Partizipation und Wirkungen im Social Web. Band 2: Strategien und Anwendungen. Köln: Herbert von Halem Verlag, S. 188-209.

Denton, Robert E./Hendricks, John Allen (2010):

Communicator-in-chief. How Barack Obama Used New Media Technology to Win the White House. Lanham: Lexington Books

Ebersbach, Anja/Glaser, Markus/Heigl, Richard (2008):

Social Web. Konstanz: UVK-Verlagsgesellschaft.

Elter, Andreas (2010):

Bierzelt oder Blog? Politik im digitalen Zeitalter. Hamburg: Hamburger Edition HIS Verlagsgesellschaft mbH.

Emmer, Martin/Vowe, Gerhard/Wolling, Jens (2010):

Ein Medium wird erwachsen: Die Entwicklung der politischen Internetnutzung der Deutschen von 2002 bis 2008. In: Wolling, Jens (Hrsg.): Politik 2.0? Die Wirkung computervermittelter Kommunikation auf den politischen Prozess. Baden-Baden: Nomos Verlag, S. 87-108.

In der Smitten, Susanne (2007):

Online-Vergemeinschaftung. Potentiale politischen Handelns im Internet. München: Verlag Reinhard Fischer.

Ketzer, Christine (2009):

Politik 2.0 durch Web 2.0: Zum Wahlkampf in den USA und in Deutschland. In: Medien Concret 2009.

Onteyo, Eric E. (2010):

Game ON: Video Games and Obama's Race to the White House. In: Denton, Robert E./Hendricks, John Allen (Hrsg.): Communicator-in-chief. How Barack Obama Used New Media Technology to Win the White House. Lanham: Lexington Books, S. 123-138.

Quandt, Thorsten/von Pape, Thilo (2010):

Wen erreicht der Wahlkampf 2.0? : Eine Repräsentativstudie zum Informationsverhalten im Bundestagswahlkampf 2009. In: Media Perspektiven Nr. 9/2010, S.390-398.

Schmidt, Jan (2009):

Das neue Netz. Merkmale, Praktiken und Folgen des Web 2.0. Konstanz: UVK-Verlagsgesellschaft.

Thimm, Caja (2010):

President 2.0? Neue Medienkulturen im Online-Wahlkampf von Barack Obama. In: Hepp, Andreas/Höhn, Marco/Wimmer, Jeffrey (Hrsg.): Medienkultur im Wandel. Konstanz: UVK-Verlagsgesellschaft, S. 265-384.